# ¡HOLA Bacteria!
## HELLO BACTERIA!

Rebecca Bielawski

Edición del texto
Francisco Toca Jiménez

www.booksbeck.com

Hay un mundo tan diminuto,

There is a world so tiny,

no puedes verlo solo con tus ojos.

you can't see it with just your eyes.

Necesitas un microscopio para verlo mucho mas grande.

You need a microscope to see it much bigger.

Estas cositas son bacterias.
Ven a conocerlas.

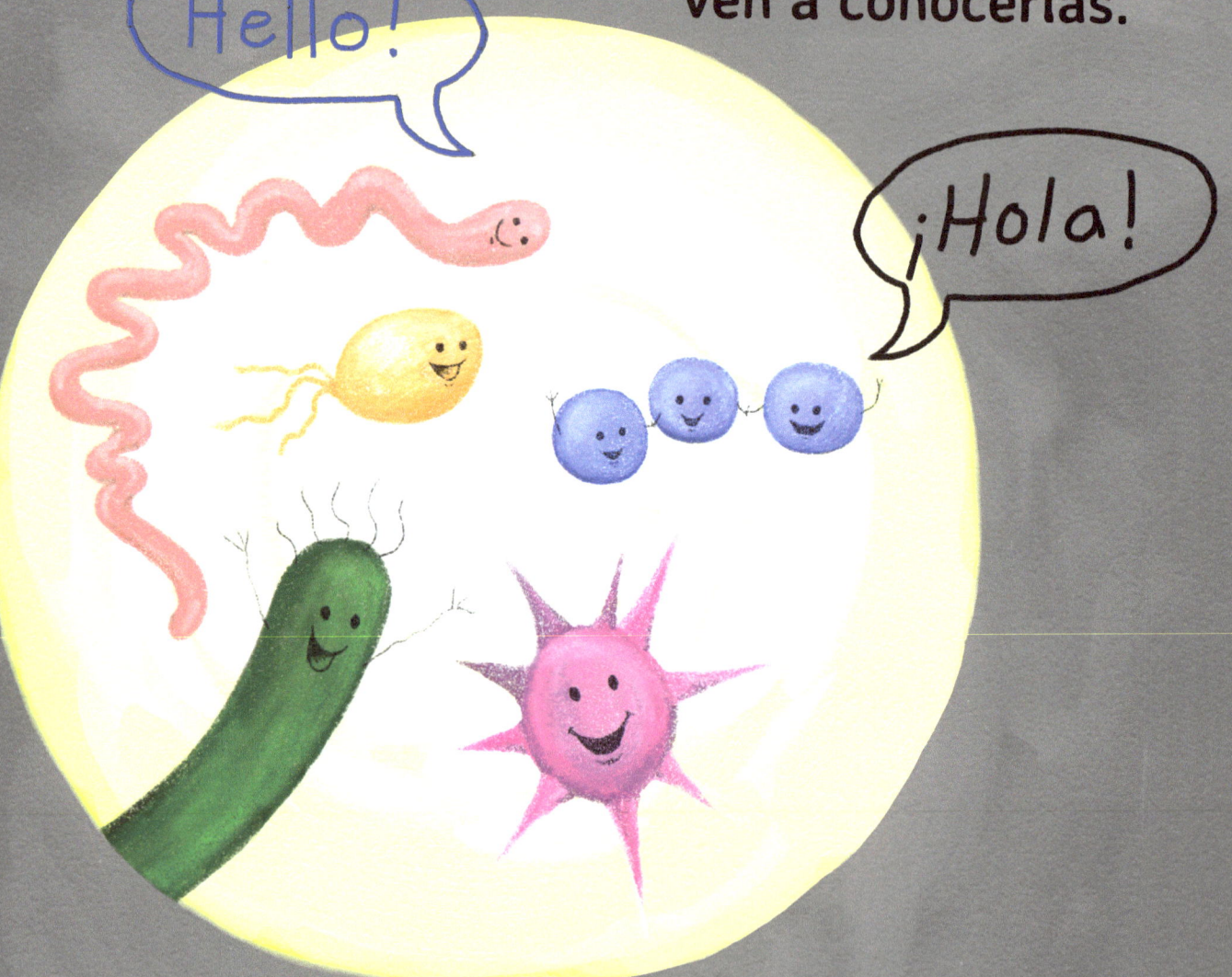

These little things are bacteria.
Come and meet them.

Están en todos sitios,
en el aire, en el suelo
y en cada rincón.

They are everywhere,
in the air, on the floor
and in every corner.

"Yo vivo en el frio.
Me gusta la nieve y el hielo."

"I live in cold places.
I like snow and ice."

"Yo prefiero mucho calor.
Un baño caliente sienta bien."

"I prefer it very warm.
A hot bath feels nice."

"Yo vivo en el agua también.
Me gusta nadar en el mar."

"I live in the water too.
I like to swim in the sea."

"Yo odio el agua salada, ¡pero este lago es genial!"

"I hate salty water, but this lake is great!"

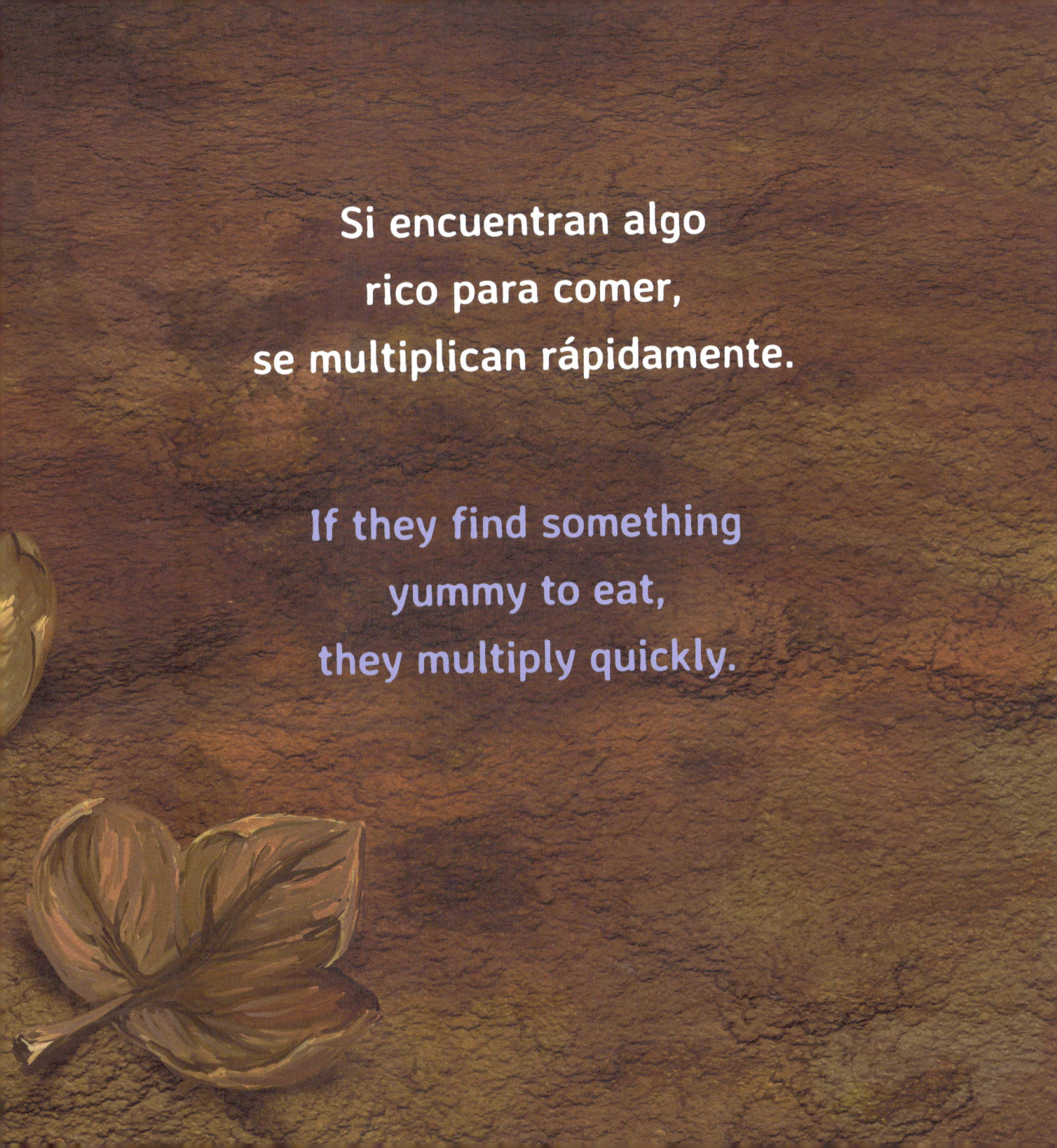

Si encuentran algo
rico para comer,
se multiplican rápidamente.

If they find something
yummy to eat,
they multiply quickly.

Primero solo hay una...

First there is only one...

¡Pronto habrá muchas!

Soon there will be lots!

Algunas bacterias son malas
y nos pueden enfermar.

Some bacteria are bad
and they can make us sick.

Así que después
del baño
y antes de comer,

*dum dee dee da dee dee*

So after
the toilet
and before you eat,

¡no olvides lavar tus manos con agua y jabón!

don't forget to wash your hands with soap and water!

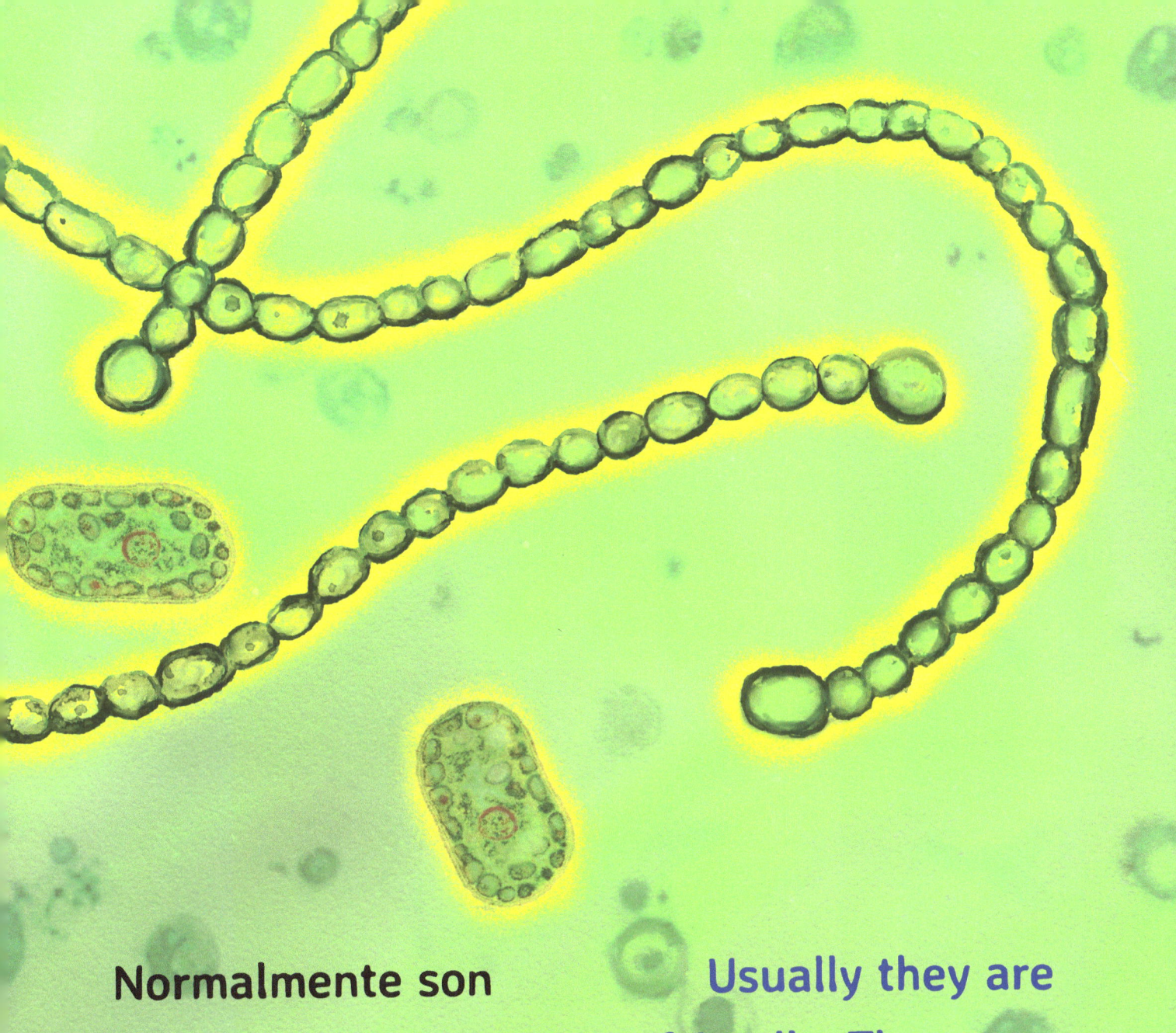

Normalmente son amistosas. Son nuestros pequeños vecinos.

Usually they are friendly. They are our little neighbours.

Algunas bacterias nos
ayudan. Ellas dan sabor
a nuestros alimentos.

Some bacteria help
us. They give flavour
to our food.

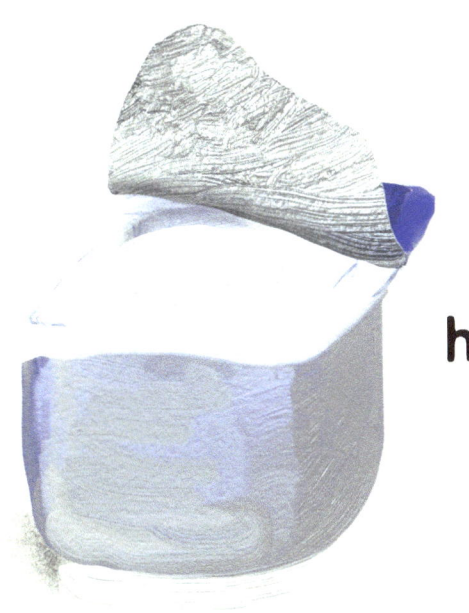

Las bacterias
hacen yogur y muchos
quesos apestosos.

Bacteria
make yogurt and many
stinky cheeses.

Algunas nos ayudan
comiendose la basura,
¡¡Vaya trabajo!!

Some help us
by eating rubbish,
What a job!!

Hoy conociste a las bacterias y aprendiste algo nuevo.

Today you met bacteria and you learned something new.

Algunas son buenas,

Some are good,

otras son malas...

others are bad...

Pero todas son parte
de nuestro mundo también.

But all are part
of our world too.

# Fin

## The End

# Las formas   Shapes

**círculo**
circle

**bastón**
rod

**espiral**
spiral

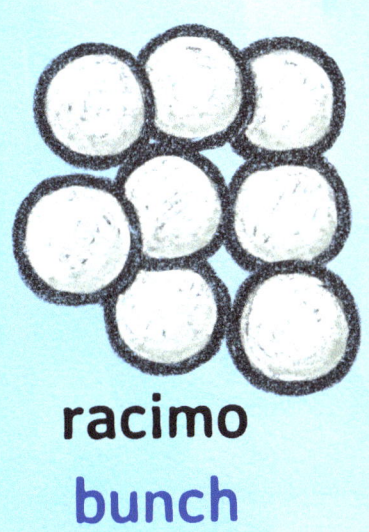

**racimo**
bunch

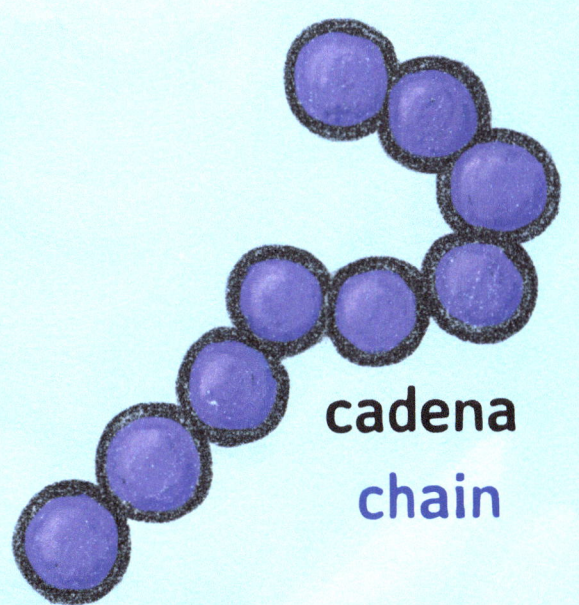

**cadena**
chain

# La serie bilingüe
# MAMI NATURALEZA

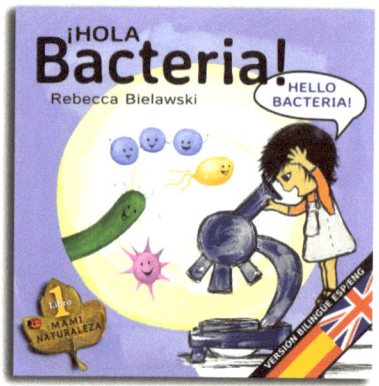

Hola Bacteria
Hello Bacteria

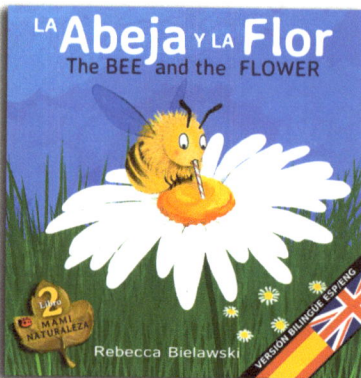

La abeja y la flor
The Bee and the Flower

Semillas viajeras
Travelling Seeds

## Más libros

Cositas de monitos

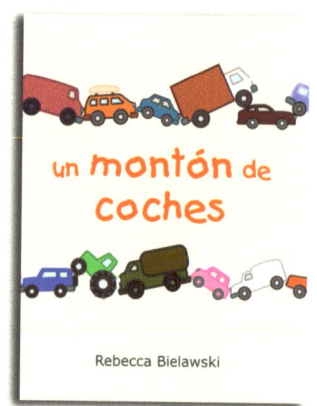

Un montón de coches

Alphabeti-cool

Ver muestras de libros, bocetos, artículos de la autora, mantenerse al día sobre promociones y nuevos lanzamientos de Rebecca Bielawski
Libros electrónicos e impresos en español e inglés

www.booksbeck.com/es